AF362745

TIRCIS

ET

DORISTÉE,

PASTORALE;

PARODIE

D'ACIS ET GALATÉE;

Représentée pour la premiere fois par les Comédiens
Italiens Ordinaires du Roi, le 4 Septembre 1752.

NOUVELLE ÉDITION.

Le prix est de 30 sols avec la Musique.

A PARIS,

Chez N. B. DUCHESNE, Libraire, rue S. Jacques,
au-dessous de la Fontaine S. Benoît,
au Temple du Goût.

M. DCC. LIX.

Avec Approbation & Privilége du Roi.

ACTEURS.

TIRCIS, *Berger,*   Me. Favart.

DORISTÉE,   Mlle. Astraudi.

COLINET, *Berger,*   M. Chanville.

BABET,   Mlle. Astraudi, C.

HORIPHESME, *Maître de Forges,*   M. Rochard.

M. GUILLAUME, *Opérateur,* M. Carlin.

BERGERS & BERGERES.

FORGERONS.

PESCHEURS & PESCHEUSES.

TIRCIS
ET
DORISTÉE,
PASTORALE.

Le Théâtre repréſente un Payſage agréable ; on voit d'un côté des Forges au pied d'une Montagne ; de l'autre côté eſt une Prairie coupée par une Riviere.

SCENE PREMIERE.
TIRCIS, *ſeul.*

core ! Plein d'un feu qui me dé- vo-re,

Je devan-ce ton ré- veil. Tout dans cet a-

sy- le Est encor tran- qui- le, Et mes

yeux feuls font pri- vés du fom- meil. Viens,

viens, & ra-me- ne Dans la plaine L'inhu-

maine, Qui fait par fes rigueurs, Cou- ler

mes pleurs. Pareffeufe Au- ro- re, Qui t'ar-

rête en- co- re? Du jeune objet que j'a- do-
re, Tu crains les naiſſans ap- pas. Ver-
ſe des lar- mes, Voi-le tes charmes.
Dors, dors; ne te mon- tre pas.
La beauté que j'ai- me Bientôt el- le-
mê- me Va faire en ce ſé-jour Bril-
ler le jour. Dors - - - ces feuil-

A iij

SCENE II.

TIRCIS, COLINET, *sans être vû.*

COLINET.

Air : *Pinlorelobinet.*

QUE le son de mon flageolet,
Pinbiberlo, pinlorelobinet,
Attire la jeune Babet,
Pinberli, pinberlo, pinlorelobinet.
(Il joue le refrain sur son flageolet.)

TIRCIS.

Air : *L'Amour me fait , lon , lan , la.*

Déja Colinet chante ,
Avant l'aube du jour !

Sans que rien le tourmente ,
Il se livre à l'amour ;
Moi , je ne fais que languir ;
Et je me sens mourir.

COLINET, *sans être vû.*

Air : *Pinlorelobinet.*

Réveille-toi , charmant objet ,
Pinbiberlo , pinlorelobinet ;
Viens danser avec Colinet ,
Pinberli , pinberlo , pinlorelobinet.
(*Il joue le refrain sur son flageolet.*)

TIRCIS.

Air : *J'ai passé deux jours sans vous voir.*

D'un foible jour les premiers traits
Ont pénétré les ombres ;
La nuit va fuir dans nos forêts ,
Nos plaines sont moins sombres ;
Mais en ces lieux , si je ne voi
   Mon ingrate paroître ,
Ah ! ce n'est point encor pour moi
   Que le jour va renaître.

COLINET *paroît en jouant le refrain de
   Pinlorelobinet.*

Air : *Castagno , castagna.*

Pour donner à Babet
   Une fauvette ,
J'ai tendu mon filet
   Sous la coudrette.

Bientôt par cette adreſſe
Quelqu'oiſeau s'attrapera ;
Au piége qu'Amour dreſſe ;
Babet ainſi ſe prendra.

La , la , fa , la , la , la , &c.

Air : *Eh ! drû , drû , drû.*

Quoi ! ſi matin le beau Tircis
A la puce à l'oreille !
TIRCIS.
Quand on a d'amoureux ſoucis,
Rarement on ſommeille.

COLINET.

Je plains ton ſort ;
Moi , le chagrin m'endort,
Et le plaiſir m'éveille.

TIRCIS.

Air : *C'eſt la choſe impoſſible.*
Rien ne peut vaincre la rigueur
De l'inhumaine Doriſtée.
COLINET.
Si tu peignois bien ton ardeur ,
La ſienne ſeroit excitée.
TIRCIS.
Jamais l'Amour ne l'enflâma.
COLINET.
A ſeize ans fillette inſenſible !
C'eſt la , la , la , la , la , la , la , la ,
C'eſt la choſe impoſſible.

Air : *Que faites vous , Marguerite ?*

Si fa froideur te défole ,
Ailleurs engage ta foi :
Moi , de tout je me confole ,
Et rien ne me fait la loi.

Air : *Si dans le mal qui me poffede.*

Lorfque je veux planter un arbre ,
S'il fe trouve en terre un rocher ,
Un peu plus loin je vais bêcher :
En amour , quand un cœur de marbre
Pour s'attendrir veut trop de foin ,
Morgué , je vais aimer plus loin.

TIRCIS.

Air : *De Madame Favart.*

COLINET.

Air : *Une jeune Bergere.*

Gémis donc sous sa chaîne ;
Comme un timide amant,
Sois toujours à la gêne.

TIRCIS.

Dieux ! quel est mon tourment !

COLINET.

C'eſt toi ſeul qui les cauſe ;
Tu n'as rien, ſi tu n'oſes ;
L'Amour doit tout riſquer.
Qui craint de ſe piquer,
Ne cueille point de roſes.

TIRCIS.

Air : *Tout roule aujourd'hui dans le monde.*

Doriſtée eſt riche héritiere,
Je ne ſuis qu'un ſimple Paſteur.

COLINET.

Je ſçais qu'elle a lieu d'être fiere,
Son pere eſt un Maître Pêcheur ;
Mais contentement vaut richeſſe,
L'Amour ſçait-il le prix de l'or ?
Un cœur offert par la Jeuneſſe,
Pour une Belle eſt un tréſor.

TIRCIS.

Air : *Oh ! oh ! ah ! ah : Eh ! pourquoi donc.*

Un jour mon feu ſincere
A ſes yeux éclata :
Je fus trop téméraire,
Elle s'en irrita.

COLINET.

Oh ! oh ! ah ! ah !
Eh ! dis-moi donc, comment cela ?

TIRCIS.

Air : *La nuit dans les bras du repos.*
Sur le gazon, cette beauté

Dormoit sous un feuillage sombre,
Où le jour de la volupté
Sembloit badiner avec l'ombre ;
J'avois connu des amans,
Sans me croire encor du nombre :
Mais mon cœur en ces momens,
S'ouvrit aux traits les plus charmans.

Air : *Dans un détour.*

Mes sens émus,
Goûtoient des plaisirs inconnus :
A pas suspendus,
Je m'avançois.....

COLINET.

Bon début.
Chut.

TIRCIS.

Quel attrait m'engageoit !
Un mouchoir importun voltigeoit.
Trop d'ardeur m'emportoit,
Trop de crainte aussi tôt m'arrêtoit.

COLINET.

Air : *Est-il de plus douces odeurs ?*

Palsangué , ton récit , cousin ,
Echauffe ma pensée.
Poursuis , mon cher.

TIRCIS.

J'avois la main ;

Contre mon sein preſſée.
Je croyois arrêter mon cœur,
Qui s'agitoit ſans ceſſe,
Et s'élançoit avec ardeur
Vers ma chere maitreſſe.

    Air : *Le langage des ſoupirs.*

Je craignois que le Zéphir,
N'éveillât mon inhumaine :
Je n'oſois faire un ſoupir ;
Mon ame étoit incertaine.
Je ſentois de veine en veine ;
Couler le feu du déſir ;
Je reſpirois avec peine ,
J'avois peur que mon haleine
N'effarouchât le Plaiſir.

COLINET.

    Air : *La Confeſſion.*

Tu devins alors un téméraire ?
    Réponds moi , compere ?

TYRCIS.

Tout charmoit mes ſens ;
De ſon tein la fleur printanniere ;
    Ses attraits naiſſans....

COLINET.

Tircis , admiras-tu long-tems ?

TYRCIS.

    Air : *De Juſtine.*

roît à mes yeux.

COLINET.

Air : *Ah ! quel dommage , Martin ?*

Ah ! quel dommage !

TIRCIS.

Mon amour,
Depuis ce jour,
La rend plus sauvage.

COLINET.

Air : *Trémouſſons-nous donc.*

A ce tendron donne une fête ;
Pour toi je cours arranger ça.
J'en ai toujours quelqu'une prête ;
Morgué, c'eſt pis qu'un Opera.
C'eſt le plaiſir qui prend les Belles,
En dépit de la raiſon :
Il n'eſt point pour lui de cruelles ;
Tré, tré, trémouſſons-nous donc.   *(bis.)*
(Il ſort en répétant le refrain.)

SCENE III.

TIRCIS.

Air : *La mort de mon cher pere, ou, Dans ma
Cabane obſcure.*

MA chere Doriſtée,
Je t'attends en ces lieux,
Et mon ame attriſtée,
Languit loin de tes yeux :
Si ma voix qui t'implore
Ne ſçauroit t'attirer,
Des fleurs qui vont éclore,
Viens ici te parer.

Même Air.

Meſſagers de l'Aurore,
Roſlignols amoureux,
La Beauté que j'adore
Va redoubler vos feux :
Sur ces charmans rivages,
La voilà de retour;
Animez vos ramages,
Pour annoncer le jour.

Même Air.

A l'objet qui m'engage,
Peignez vos doux plaiſirs,
Que votre badinage
Excite ſes ſoupirs ;
Parlez lui de ma flâme,
Tourtereaux gémiſſans;
Pour attendrir ſon ame,
Prêtez-moi vos accens.

SCENE IV.

DORISTÉE, TIRCIS.

DORISTÉE *cachant le plaiſir qu'elle a de voir*
TIRCIS *, feint de chercher ſa compagne.*

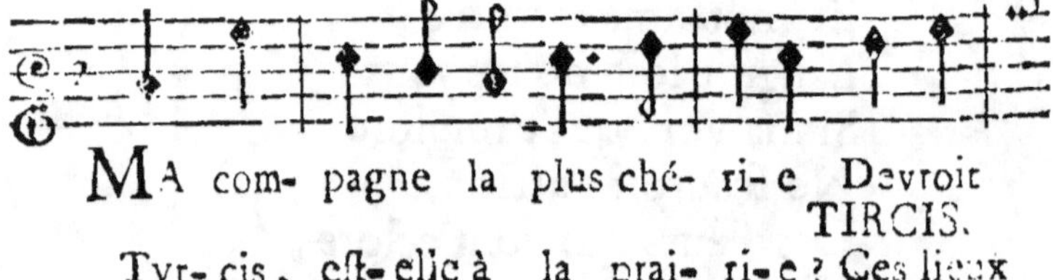

TIRCIS.

Tyr- cis, eſt-elle à la prai- ri- e ? Ces lieux

être

ê- tre en ce sé- jour. Brunette, n'est- il
font faits pour l'a- mour.
pas plus charmant D'y rencontrer un a-mant Qu'une
a- mi- e ?

DORISTÉE, agitée.
TIRCIS.
I- Ci, je m'attendois à la voir. Votre cœur
DORISTÉE.
paroît s'émouvoir. C'est l'effet de la tendre ami-
TIRCIS
tié, Dont mon cœur au sien est li- é. A des
soins, des transports si doux, Si l'a- mitié peut pré-

B

DORISTÉE.

Air : *Petits Moutons,* &c.

Laiſſez-moi chercher ma compagne.
(*A part.*)
Ah ! Tircis prend trop de pouvoir.

TIRCIS.

Que du moins je vous accompagne.

DORISTÉE.

Mais, Berger, quel eſt votre eſpoir?

TIRCIS.

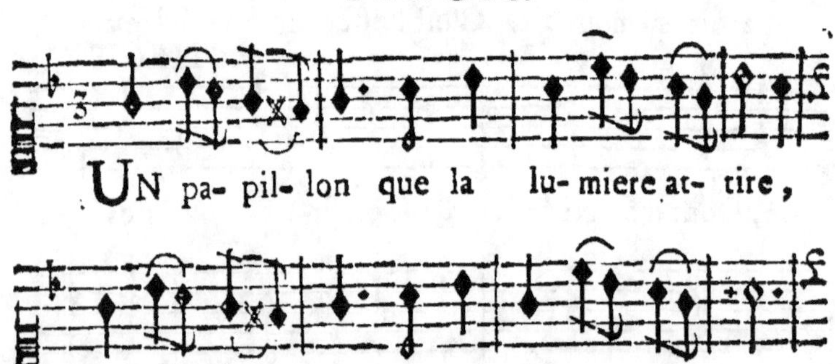

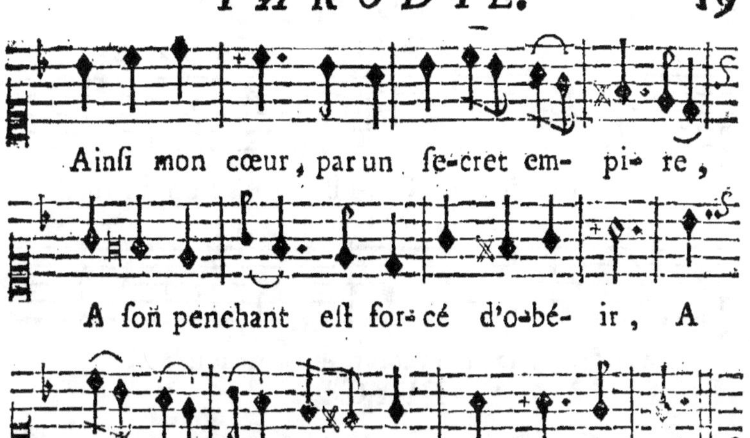

DORISTÉE.

Air : *A peine ai-je quitté l'enfance.*

TIRCIS. DORISTEÉ.

DORISTÉE.

Air : *L'autre nuit j'apperçus en fonge.*
Contraignez vos feux pour vous-même.
Hélas ! un rival odieux
Avec foin m'obferve en tous lieux.

TIRCIS.

Un rival !

DORISTÉE.

Oui, c'eſt Horiphême.

TIRCIS.

O ciel !

DORISTÉE.

Il a déjà ſur vous
Jetté plus d'un regard jaloux.

Air : *Bouchez, Nayades, vos fontaines.*

Ces forges ſont ſous ſa puiſſance,
Et tout fier de ſon opulence,
Il croit commander à l'Amour ;
Mais autant de haine il m'inſpire,
Que je ſens ...ah ! ſi j'aime un jour....

TIRCIS.

Achevez.

DORISTÉE.

C'eſt trop vous en dire.
(*La ſymphonie joue l'air :* Par un
matin Liſette ſe leva.)

Air ! *Ah ! vrai'ment je m'y connois bien.*

Quels ſons ici ſe font entendre ?

TIRCIS.

Unis par l'amour le plus tendre ,
Des amans vont chanter leurs nœuds ;
Daignez prendre part à leurs jeux.

B iij

SCENE V.

COLINET & BABET, *à la tête d'une Troupe de* PAYSANS *& de* BERGERS, TIRCIS & DORISTÉE.

COLINET, *à sa suite.*

Air : *Par un matin Lisette se leva.*

(On danse.)

VAUDEVILLE.

COLINET, *jouant du flageolet.*

PREMIER COUPLET.

I I.

Tous les foirs le Berger Timandre
Va fe rendre
Dans un verd bofquet ;
Mais il n'y va que pour entendre

La voix tendre
Du Rossignolet ;
Moi je suis plus satisfait ,
Car j'y fais danser Babet ,
Au doux son de mon flageolet ,
(Il joue.)
De mon flageolet.

I I I.

BABET.

Tout est simple dans cet asyle ,
A la Ville
On a l'air coquet ;
Un Petit-Maître , d'un air fade ,
Fait parade ,
D'un joli caquet ;
Sans rien dire , Colinet
Sçait faire danser Babet ,
Au doux son de son flageolet ,
(Colinet joue.)
De son flageolet.

I V.

COLINET.

Je n'ai point un riche héritage ,
Mon partage
N'est qu'un jardinet ;
Les Messieurs font d'grands étalages
D'équipages ;
Qu'est-ç'que tout ça fait ?
Je suis bien plus satisfait ,
Quand je fais danser Babet ,

Au doux son de mon flageolet.
(*Il joue.*)
De mon flageolet.
V.
BABET.
Un Monsieur veut m'faire grand' Dame ;
Mais tredame ,
J'li réponds tout net :
Vos atours n'ont rien qui me tente ,
Je m'contente
De mon bavolet ,
Et j'ons le cœur satisfait ,
Quand j'danse avec Colinet ,
Au doux son de son flageolet.
(*Colinet joue.*)
De son flageolet.
(*On danse sur le même air.*)
COLINET.
Air : *Ah ! ah ! venez-y toutes.*
Le maître de la forge
Prend vers nous son chemin ,
Tiquetin ,
De joie il se rengorge ,
Quand il cause du train ,
Tiquetaque , tiquetin.
CHŒUR, *s'enfuyant.*
Ah ! ah ! ah ! sauvons-nous vîte.
DORISTÉE, *à Tircis.*
Voyez comme chacun l'évite ,
Fuyez ce mutin.
(*Ils se retirent avec précipitation.*)

SCENE VI.
HORIPHESME.

Air : *Marche de Lowendal.*

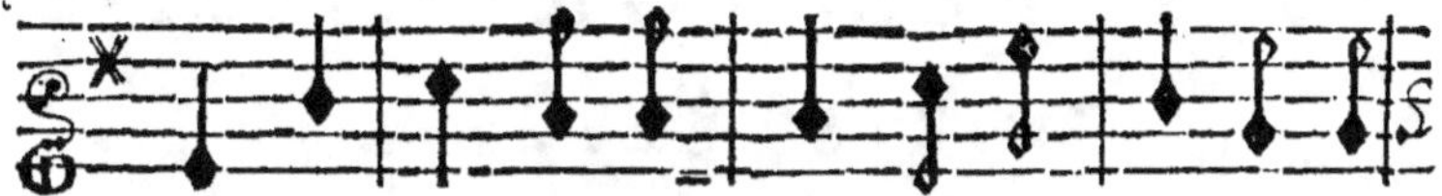

Air : *Résonnez ma musette.*

Mais je vois Doristée,
Quoi ! mon ame irritée
Céde à ses yeux puissans!
Ils ont charmé mes sens.

SCENE VII.
DORISTÉE, HORIPHESME.

DORISTÉE, *à part.*

Air : *C'en eft affez pour être heureux.*

EMPLOYONS une adroite feinte,
Tâchons de calmer fa fureur ;
Flattons, s'il le faut, fon ardeur :
Tircis eft l'objet de ma crainte.
HORIPHESME, *à part.*
Quoi ! le trouble faifit mon cœur !
Approchons....
DORISTÉE.
Dieux ! quelle contrainte !
HORIPHESME.
Parlons-lui, déclarons mes feux,
C'en eft affez pour être heureux.

Air : *Quoi ! tout de bon ! Eh ! mais, Monfieur.*

DORISTE'E.

HORIPHESME.

Même Air.

Ne me fuis plus avec rigueur,
Crains, ſi mon feu ne t'intéreſſe,
De voir ſuccéder la fureur
A ma vive tendreſſe.

DORISTÉE.

Quoi ! tout de bon ! Eh ! mais, Monſieur,
C'eſt pour moi beaucoup d'honneur.

HORIPHESME.

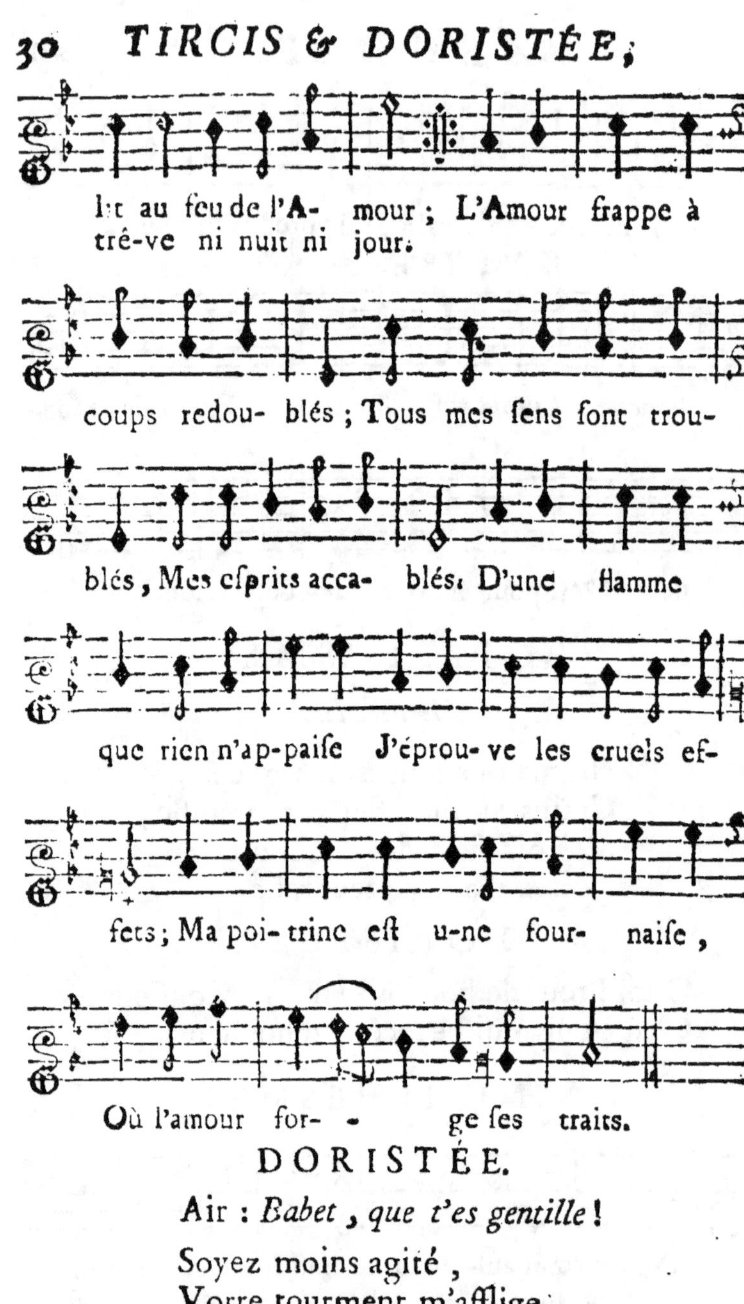

DORISTÉE.

Air : *Babet , que t'es gentille !*

Soyez moins agité ,
Votre tourment m'afflige.

HORIPHESME.

Faut-il que ta beauté
A te chérir m'oblige !
J'en suis furieux ;
Toujours dans tes yeux ,
Un nouveau charme brille :
Quelquefois je crois te haïr ;
Mais je sens mon cœur se trahir ,
Et je dis avec un soupir :
Hélas ! qu'elle est gentille.   (*bis.*)

DORISTÉE.

Air : *Sur la fiévre & sur la migraine.*

La chute d'un torrent qui gronde ,
En roulant le sable avec l'onde ,
Peint de vos vœux l'emportement ;
Que j'aime un ruisseau , dont l'eau pure
Fait sur les fleurs un doux murmure :
    C'est l'image du sentiment.

HORIPHESME.

Air : *Il ne faut qu'un coup de baguette.*

Est-ce par de frivoles soins ,
Que l'on te marque sa tendresse ?
Des Bergers la délicatesse
Dit beaucoup plus & prouve moins ,
Que la vive ardeur qui me presse.

Air : *M. de Catinat.*

Comme un amant transi , t'offrirai-je des fleurs ?
Les roses de ton teint surpassent leurs couleurs :

Dois-je des plus beaux fruits te faire des présens ?
Ils n'ont point la rondeur de tes attraits naissans.

Air : Ne v'là-t-il pas que j'aime ?

Il est un don plus précieux
Qui prouve combien j'aime :
Que pourroit-on t'offrir de mieux ?
Je me donne moi-même.

Air : Le Démon malicieux & fin.

L'autre jour dans le sein d'un ruisseau,
Je me vis, & je me trouvai beau :
A travers la poussiere & le hâle,
Mes traits avoient je ne sçais quoi de doux :
Ce teint brun, ces sourcils, cet air mâle,
Tout annonçoit un cœur digne de vous.

DORISTÉE.

Air : Vaudeville d'Epicure.

Je ne suis pas interessée.

HORIPHESME.

Que veut dire ce fier souris ?
D'un Berger l'audace insensée,
Sans doute cause ces mépris ?
Si jamais....

DORISTÉE.

N'allez pas le croire.

HORIPHESME.

Daigne donc m'accorder ton cœur :
C'est trop disputer la victoire.

DORISTÉE.

On ne l'obtient que par douceur.

HORIPHESME.

HORISPHESME.

Air : *Charivari* de Ragonde.

Je vais te donner une fête,
Mes Forgerons vont faire ici
Charivari, charivari.

DORISTÉE.

Monsieur, vous êtes fort honnête.

HORIPHESME.

Je m'attens bien au grand merci,
Charivari, charivari.

(*A la cantonade.*)

Amis, que l'on s'apprête ;
Chantons tous à l'envi,
Charivari, charivari, charivari.

SCENE VIII.

DORISTÉE, HORIPHESME, FORGERONS.

Les forges s'ouvrent, on voit l'action de la flâme ; des FORGERONS descendent deux à deux, leurs marteaux sur l'épaule.

HORIPHESME.

Air : *Les Forgerons de Cythere.*

Aux échos d'alentour
Annoncez mon hommage ;
Des troubles de l'amour

C

Que vos jeux soient l'image :
Frappez, frappez, frappez fort,
Pour l'objet qui m'engage ;
Frappez, frappez, frappez fort,
Et frappez d'accord.

CHŒUR.

Frappons, frappons, frappons fort,
Et frappons d'accord.

HORIPHESME.

Même Air.

Tracez-nous un tableau
De mon ame agitée,
Et qu'au bruit du marteau
Ma Nymphe soit chantée :
Frappez, frappez, frappez fort,
Célébrez Doristée ;
Frappez, frappez, frappez fort,
Et frappez d'accord.

CHŒUR.

Frappons, &c.

(Une partie des Forgerons dansent tandis que les autres accompagnent la symphonie en frappant de leurs marteaux sur des enclumes.)

UN FORGERON.

Air : *La sombre dondaine.*

Chantons à perdre haleine.
(Avec le CHŒUR *, qui bat en même-tems.)*
Lassi , lasson ,
La sombre dondaine.

SEUL.

Vive la Souveraine
De notre fier Daron.
(Avec le Chœur.)
Patati, pataton, patati, pataton.

SEUL.

Que ce couple charmant,
Patapan,
Va s'aimer chaudement !
Amans, vivez sans gêne.
(Avec le Chœur.)
Laffi, laffon,
La sombre dondaine.

SEUL.

Et de plaisirs sans peine,
Forgez-vous un chaînon.
(Avec le Chœur.)
Patati, pataton, patati, pataton.

(On danse.)

VAUDEVILLE.

PREMIER FORGERON.

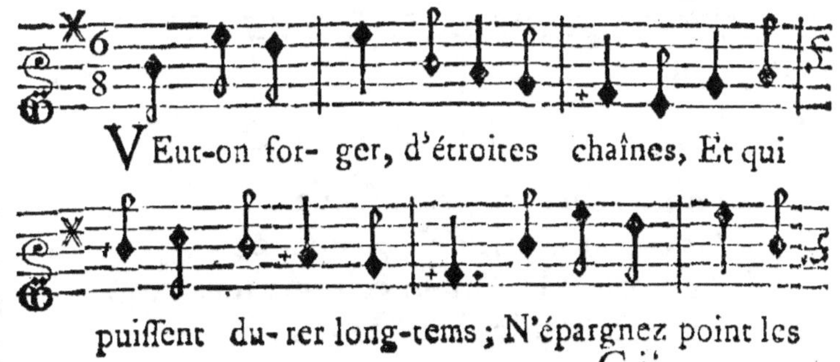

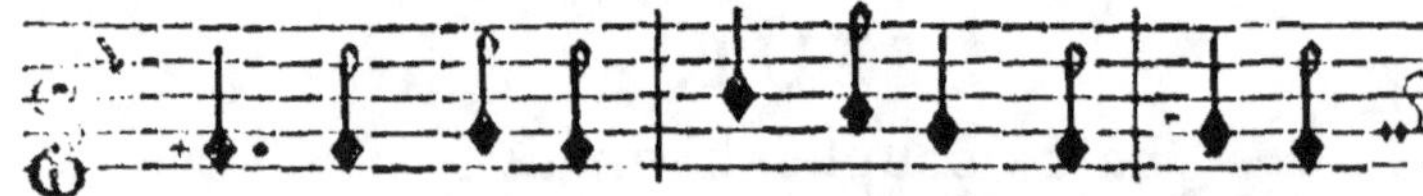

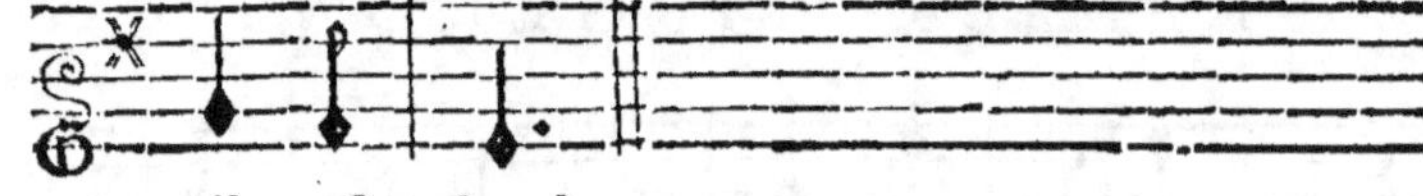

SECOND FORGERON.

Pour cacher une vive flâme,
Une Prude fait de fon mieux ;
Mais quand l'Amour échauffe une ame,
Son feu pétille dans les yeux :

Dans les regards de votre Belle,
Si du plaisir vous voyez l'étincelle,
Amans, voilà l'instant qu'il faut,
Battez le fer, &c.

CHŒUR.

Battons le fer, &c.

PREMIER FORGERON.

Venez, Amans, à notre école,
Pour apprendre à forger des traits ;
Nous n'avons point une ardeur folle,
Qui se dissipe sans succès.
Quand votre feu trop-tôt s'allume,
Mal-à-propos souvent il se consume ;
Vous vous trouvez pris en défaut.
Battez le fer, &c.

CHŒUR.

Battons le fer, &c.

SECOND FORGERON.

Que de l'amour la flâme active
S'entretienne par les soupirs.
Une faveur la rend plus vive ;
Mais l'excès éteint les désirs.
Le feu s'attise avec les larmes,
Et dans les pleurs l'Amour trempe ses armes,
Selon le degré qu'il lui faut :
Battez le fer, &c.

CHŒUR.

Battons le fer, &c.

(On danse.)

C iij

HORIPHESME, *aux* FORGERONS.

Air : *Tarare, ponpon.*

Le secours de vos jeux
Ne m'est plus nécessaire ;
De l'objet de mes vœux,
J'attends un sort heureux.
Mes soins ont dû lui plaire :
Ses sens sont agités.
C'est l'instant du mystere ;
Sortez.

SCENE IX.

DORISTÉE, HORIPHESME.

HORIPHESME.

Air : *Point de façon, mon aimable Brunette.*

POINT de façon, ma chere Doristée ;
De ma froideur vous seule triomphez.
Je suis tout de braise, & ma flâme excitée....

DORISTÉE

Ah ! ah ! vous m'échauffez.

HORIPHESME.

Air : *Ah ! Madame Anroux.*

Ah ! mon cher bijou,
J'en deviendrois fou,
Ne sois plus tigresse.

DORISTÉE.

Air de FANFALE : *Ce n'est qu'à la délicatesse.*

Vous bleffez ma délicateffe
Par des tranfports trop pétulans ;
Pour faire naître ma tendreffe,
Il faut des foins, il faut du tems.

HORIPHESME.

La longue attente eft inutile.

DORISTÉE.

On fçait fe faire d'heureux jours ;
Lorfque l'on file,
Lorfque l'on file fes amours.

HORIPHESME.

Air : *C'eft ma devife.*

Je ne fçais languir
Ni gémir,
Quelle fottife !
C'eft le defir
De nous unir
Qui m'autorife.
Faut-il qu'en galant du Palais,
Je te courtife ?
Moins de paroles, plus d'effets ;
C'eft ma devife.

Air : *De l'art féduifant de charmer.*

De l'art féduifant de charmer,

Qu'ai je besoin, Dieu de Cythere ?
J'ai le talent de bien aimer :
C'en est assez pour sçavoir plaire.

Air : *On fait ce qu'on peut, & non pas ce qu'on veut.*

Dis-moi si j'ai touché ton ame ?
DORISTÉE.
Jugez-en par mon embarras.
HORIPHESME.
Dès ce jour tu seras ma femme.
DORISTÉE.
Moi !
HORIPHESME.
Touche-là , ne tarde pas.
DORISTÉE.
Il faut parler à ma famille ;
Car je ne dépends pas de moi :
Mon pere est maître de ma foi.
Vous sçavez que , quand on est fille ;
On fait ce qu'on peut,
Et non pas ce qu'on veut.

HORIPHESME.
Air : *Branle de Metz.*
C'est répondre en fille sage,
Je vais agir à l'instant ;
Votre pere est trop prudent
Pour manquer ce mariage.
S'il méprisoit mon ardeur , ...
Je n'en dis pas d'avantage.
S'il méprisoit mon ardeur....
Je suis votre serviteur.

SCENE X.
DORISTÉE, TIRCIS.
TIRCIS.

DORISTEE.

Air : *De quoi vous plaignez-vous ?*
Possédiez-vous mon cœur,
Pour avoir droit de vous plaindre ?
Possédiez-vous mon cœur ?

TIRCIS.

Vous comblez mon malheur.
Je ne veux point vous contraindre
Ni traverser vos amours.
Mon ardeur va s'éteindre
Avec mes tristes jours.

DORISTÉE.

Air : *A quoi s'occupe Magdelon ?*

O Ciel ! où voulez-vous courir ?

TIRCIS.

Je vais trouver Horiphême ;
Mais ce n'est point pour le punir :
Sous ses coups je veux périr.

Air : *Mineur du précédent.*
Du moins gardez le souvenir
D'un amour qui fut extrême ;
Et pardonnez-moi ce desir,
Jusqu'à mon dernier soupir.

DORISTÉE.

Air : *Mais je sens mon cœur qui soupire.*

En désarmant la jalousie
D'un rival qui m'est odieux,
Pour toi seul j'ai craint sa furie ;
Tes jours me sont trop précieux.

TIRCIS.

O Ciel !

DORISTÉE.

Je n'ofois te le dire.
Ah ! crois-en ce cœur qui foupire.

TIRCIS.

Air : *Je veux chanter fur ma Mufette.*

N'eft-ce point une erreur extrême ?

DORISTÉE, *à part.*

Il voit le trouble de mon cœur ;
Il demande encor fi je l'aime !

TIRCIS.

De fa fierté je fuis vainqueur !
(*A Doristée.*)
Et vous vouliez avec rigueur
Me cacher mon bonheur fuprême !

DORISTÉE.

Avant de répondre à tes vœux ,
J'ai dû m'affurer de tes feux.

Air : *Nous autres bons Villageois.*

On file , avant d'être époux ,
Le tiffu de fon efclavage ;
L'Amant eft rampant & doux ,
Le ver à foye eft fon image :
Dans fes propres nœuds renfermé ,
Il devient froid , inanimé ;
Mais bientôt forçant fa prifon ,
Il s'envole en papillon.

TIRCIS.

Air : *Les Bergers de notre village* , ou : *C'est la façon de le faire qui fait tout.*

Dans ce cœur que tu fis éclore ,
Toi seule allumas les defirs ;
Et dans un âge où l'on s'ignore ,
Pour toi je pouffois des foupirs :
Mais ce tems n'étoit que l'aurore
De l'amour ,
Et ma flâme s'augmente encore
Chaque jour.

ENSEMBLE.

Air : *Toujours, toujours, je cherirai mon Ifmene.*

Pour s'aimer , dès notre enfance
Nos tendres cœurs étoient faits ;
Une fecrette puiffance ,
Formoit ces nœuds pleins d'attraits.

TIRCIS.	DORISTÉE.
Jamais , jamais Je n'ai connu l'inconf-tance ;	Jamais , jamais Tu ne fuivras l'inconf-tance ;

ENSEMBLE.
Je ne changerai jamais.

DORISTEE.

Air : *Ici l'on fait ce que l'on veut.*

Que l'Hymen bientôt nous couronne :
Mon pere approuvera nos nœuds ;
Car il eft fi bonne perfonne ,
Que j'en fais tout ce que je veux.

TIRCIS.

Air : *Et j'y pris bien du plaisir.*
Mon ame suffit à peine
Pour sentir tout mon bonheur ;
Sur cette main que je prenne
Un gage de ton ardeur.
Après un si long martyre,
Tu te rends à mon desir !
Quel transport l'amour m'inspire !
Que j'éprouve de plaisir !

SCENE XI.

TIRCIS, DORISTÉE, HORIPHESME.

HORIPHESME *sur la Montagne.*

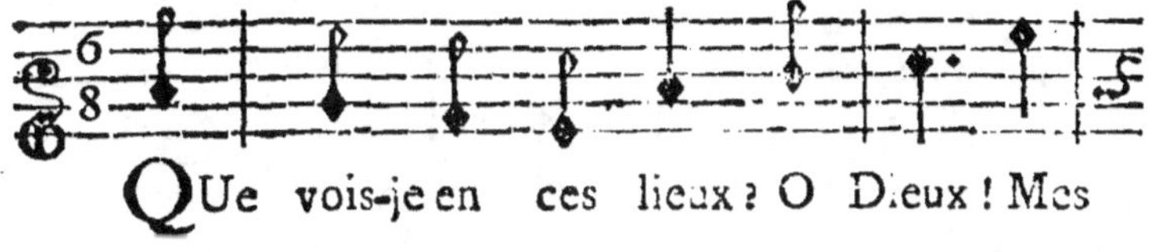

DORISTÉE.

HORIPHESME.

Air : *Jeanneton , tout de bon.*
L’imprudent revient ſur ſes pas ;
Eſt-ce pour braver le trépas ?

Punissons-le, ne tardons pas :
Prenons ma carabine ;
Car la mort
Est le sort
Que je lui destine.

SCENE XII.

TIRCIS, DORISTÉE.

TIRCIS.

Air : *Toujours seule, disoit Nina.*

LE trépas doit me sembler doux ;
Sans frayeur je m'y livre,
Puisque je suis aimé de vous.

DORISTÉE.

C'est alors qu'il faut vivre :
Cher Amant,
Agis sensément ;
D'un jaloux
Fuyons le couroux :
Ah ! je l'entend.

(*Elle fuit.*)

SCENE XIII.

TIRCIS, HORIPHESME.

TIRCIS.

Suite de l'Air.

LA peur me prend.

HORIPHESME.

Meurs à l'inftant
Infolent.   (*Il tire.*)

TIRCIS.

Air : *Ne v'là-t-il pas que j'aime ?*

Helas ! ne fuis-je point bleffé ?
Ma Maitreffe me laiffe :
De frayeur mon fang eft glacé,
Et je tombe en foibleffe.

HORIPHESME.

Air de Roland : *J'entends un bruit de Mufique*
Champêtre.

Je vois tomber le rival qui m'outrage :
Je fuis vengé : c'en eft fait, il eft mort.
Que l'Ingrate pleure fon fort ;
C'eft un fpectacle pour ma rage :
Je n'ai plus qu'un mépris fauvage.
Pour mieux punir la perfide à fon tour,
Pour jamais j'éteins mon amour.

SCENE

SCENE XIV.

DORISTÉE, TIRCIS, *évanoui.*

DORISTÉE.

Air : *Plus inconstant que l'onde & le nuage.*

Mais, je le vois, ô disgrace cruelle !
Ai-je perdu l'objet de mon amour ?
Ah ! cette pâleur mortelle

D

M'annonce un triste retour ;
Amant fidéle ,
Tu perds le jour !
Malgré des nœuds si doux ,
Le Sort barbare ,
Nous sépare !
Tircis , tu meurs sans être mon époux.

Air : *Sur le bord d'un ruisseau.*

Amour , viens rallumer
De ses beaux jours la flâme ;
Prends pour le ranimer
La moitié de mon ame ;
Ou plutôt toute entiere ,
Reçois-la , cher Tircis ,
Et revois la lumiere ;
Que j'expire à ce prix.

Air : *Simone , la Simone.*

Mais peut-être un prompt secours
Sauveroit ses jours.
Un très-habile Docteur
Fort à propos s'avance.
Ah ! Monsieur l'Opérateur ,
Venez en diligence.

SCENE XV.

DORISTÉE, TIRCIS, *évanoui ;* GUILLAUME, *Opérateur.*

GUILLAUME.

Air : *J'ai un coquin de frere.*

QUEL bruit, quel tintamare !
Pourquoi crier si fort ?

DORISTÉE.

Ah ! ah ! ah ! par un coup barbare,
Mon Amant voit finir son sort.

GUILLAUME.

Air : *V'là l'Marchand de bouteill' cassé'.*

Votre Amant a la têt' cassé' !
Voyons s'il est trépassé.

Air : *Il est des Corsaires.*

Cessez votre plainte,
Rien n'a blessé Tircis ;
Sans doute, c'est la crainte
Qui suspend ses esprits.
Son cœur encor palpite.

DORISTÉE.

Ah ! quel espoir flatteur !

GUILLAUME.

La pauv' petite !
Il en fera quitte
Pour la peur.

DORISTÉE.

Air : *Plus belle que l'aurore.*

Mon cher Monfieur Guillaume ,
Daignez le fecourir :
Donnez-lui quelque baume ;
Sans vous il va mourir.

GUILLAUME.

Oui , je vais agir.
J'ai foutenu Thefe , à St. Côme....
Et j'ai fait courir....

DORISTÉE.

Hélas ! au lieu de difcourir ,
Mon cher Monfieur Guillaume ,
Daignez le fecourir :
Donnez-lui quelque baume ;
Sans vous il va mourir.

GUILLAUME.

Air : *Pour paffer doucement la vie.*

Parbleu , je vais encor trop vîte ;
Je pourrois vous défefpérer ,
Si je faifois chanter ma fuite
Avant que de rien opérer.

Air : *Robin a des manchettes.*

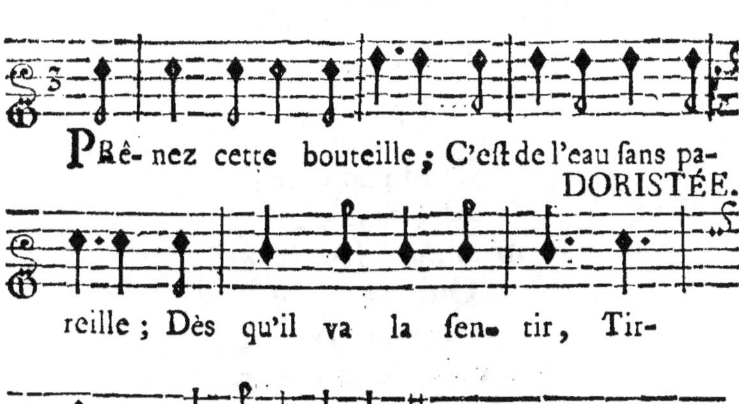

Air : *Margoton, ma mie.*

Je puis le promettre.

DORISTÉE, à *TIRCIS*.

Mon mignon, mon cœur,
Reſpirez cette liqueur
Pour vous, pour vous, pour vous remettre.

GUILLAUME.

Reſpirez cette liqueur,
Pour vous remettre en vigueur.

DORISTÉE.

Air : *Dieu des ames.*

Il reſpire,

Il soupire ;
Cher Tircis , reprends
Tes sens.

TIRCIS.

Qui m'appelle ?
Ah ! c'est elle !
Je m'anime à ses accens.
Oui , ta flâme
Me rend l'ame ,
Je te vois , & je renais.

DORISTÉE.

Plus de crainte ,
De contrainte.

ENSEMBLE.

Aimons nous & pour jamais.

GUILLAUME.

Air : *Il étoit un Moine blanc.*

Puissiez-vous , mes chers enfans ,
Toujours être aussi contents !
Gravement je me retire ,
N'ayant plus rien à vous dire.

SCENE XVII. *& derniere.*

TIRCIS, DORISTÉE, COLINET.

COLINET, *à* TIRCIS.

Air : Mon Berger, je ne puis sans vous.

CRoyant t'avoir cassé la tête,
   Ton rival s'enfuit ;
   Goute l'heureux fruit
Que l'Amour en ce jour t'apprête.
Nos Pêcheux ici viennent tous,
   Pour en chommer la fête :
Çà, morgué, réjouissons-nous,
   Et faisons les foux.

DUO.

TIRCIS & DORISTÉE.

même cœur; Respirons les charmes D'un
même cœur; Respirons les charmes D'un
bien sans al- larmes. Nous n'avons plus qu'un
bien sans al- larmes. Nous n'avons plus qu'un
même cœur; D'un sort plein de
même cœur; D'un sort plein de

FIN. DORISTEÉ seule.
charmes Goûtons la douceur. Si nous ver-
FIN.
charmes Goûtons la douceur.
FIN.
fons en- cor des larmes, C'est de l'y-
ENSEMBLE.
vref- fe du bon-heur. Nous n'avons &c.
Nous n'avons &c.
Da capo al fine.

DIVERTISSEMENT.

PÊCHEURS, PÊCHEUSES, BERGERS, BERGERES.

VAUDEVILLE.

PREMIER COUPLET.

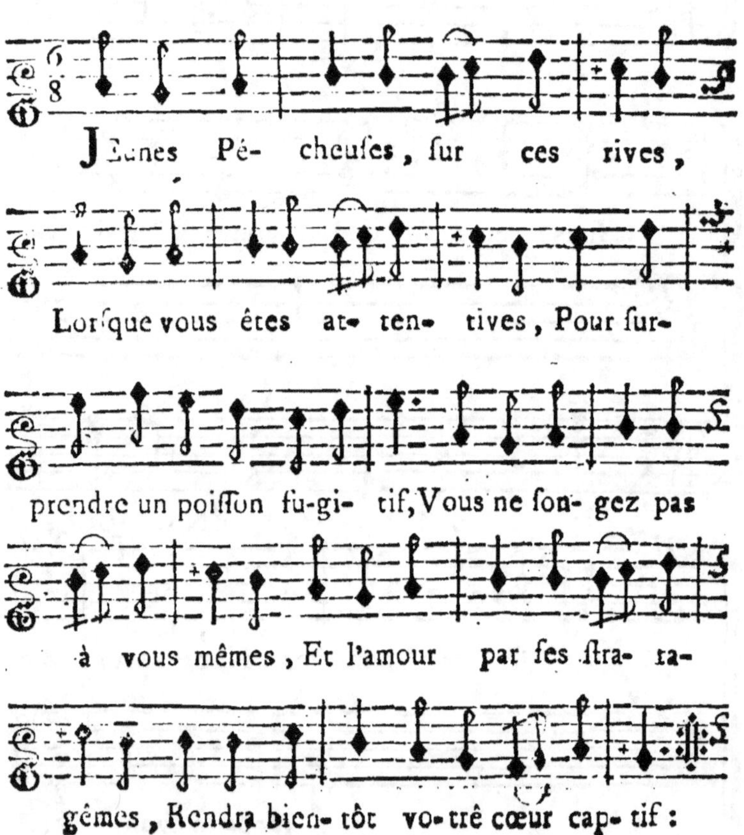

I I.

Pour prendre de simples fillettes,
Les bons appas sont des fleurettes,
Un ruban, un bouquet, un pompon;
Quand ces poissons ont plus de force,
On n'en prend point à cette amorce;
Mais il faut bien dorer l'hameçon.
Quoique l'on dise, &c.

I I I.

Voulez-vous prendre une coquette?
Ce poisson vient sans qu'on le guette;
Mais il faut de l'éclat & du bruit.
La Prude se pêche en eau trouble;
Qu'en secret votre soin redouble:
Un rien l'effraye, & le jour vous nuit.
Quoique l'on dise, &c.

I V.

L'Amour eſt un Pêcheur habile :
Aux Champs, à la Cour, à la Ville,
Tout vient ſe rendre dans ſes filets ;
Et l'on y voit en abondance
Les gros brochets de la finance,
Et le fretin des petits Colets.
    Quoique l'on diſe, &c.

V.

Le Magiſter de ce Village,
Qui fait le grave perſonnage,
Surprit Jeanne ſeule avec Lucas.
Contre Lucas il fit tapage,
Il le gronda d'un air ſauvage,
Et puis à Jeanne il parla tout bas.
Quoique l'on diſe, quoique l'on faſſe ;
Il faut tomber dans les piéges d'Amour,
    Et quand il tend ſa naſſe,
    Chacun s'y prend à ſon tour.

F I N.

Le Privilége général de toutes les Œuvres de M. Favart a été accordé le 27 Avril 1759, & a été enregiſtré le 16 Mai ſuivant à la Chambre Royale & Syndicale des Librai-res & Imprimeurs de Paris, Nº. 521. fol. 956.

Catalogue des Piéces des Comédies Françoise & Italienne, & Opera Comiques qui se vendent détachés.

Du Théâtre François.

DE M. DE VOLTAIRE.

Alzire, Tragédie.
Zaïre, Tragédie.
Mahomet, Tragédie.
La Mort de César, Tragédie.
Hérode & Mariamne, Tragédie.
Rome sauvée, Tragédie.
Sémiramis, Tragédie.

Du Théâtre François in-12. de M. de MARIVAUX.

Le Pere prudent & équitable.
Annibal, Tragédie.
Le Dénouement imprévû.
L'Isle de la Raison.
La surprise de l'Amour, des François.
La Réunion des Amours.
Les Sermens indiscrets.
Le Petit-Maître corrigé.
Le Legs, Comédie.
Le Préjugé vaincu.
La Dispute.

Théâtre Italien du même Auteur.

Le Triomphe de Plutus.
Le Triomphe de l'Amour.
L'Ecole des Meres.
L'Heureux stratagême.
La Méprise.
La Mere confidente.
Les fausses Confidences.
La Joye imprévue.
Les Sinceres.
L'Epreuve.

Du Théâtre François in-8°. de M. de BOISSY.

L'Amant de sa femme.
L'Impatient.
Le Babillard.
Admete & Alceste, Tragédie.
Le François à Londres.
L'Impertinent malgré lui.
Le Badinage.
Les deux Nieces.
Le pouvoir de la Sympathie.
Les Dehors trompeurs.
L'embarras du Choix.
L'Epoux par supercherie.
La Fête d'Auteuil.
Le Sage étourdi.
Le Medecin par occasion.
La Folie du jour.

Théâtre Italien du même Auteur.

Le Triomphe de l'Intérêt.
Le Je-ne-sais-quoi.
La Critique.
La Vie est un songe.
Les Etrennes, ou la Bagatelle.
La surprise de la Haine.
L'Apologie du Siecle.
Les billets doux.
Les Amours anonymes.
Le Comte de Nully.
La quatre Etoiles.
Le Rival favorable.
Les Talens à la mode.
Cantatille nouvelle des talens à la
mode.
Le Mari Garçon.
Pamela en France.
Le Plagiaire.
Le Retour de la Paix, Comédie.
Le Prix du Silence, Comédie.
La Frivolité, Comédie.

Théâtre François in-12. de M. PIRON.

L'Ecole des Peres, Comédie.
Callisthène, Tragédie.
Les Courses de Tempé, Pastorale.
Gustave, Tragédie.
La Métromanie, Comédie.
Fernand Cortès, Tragédie.

De M. de SAINTFOIX.

Le Philosophe dupe de l'Amour, C.
Les parfaits Amans, Comédie.
Alceste, Divertissement.
Les Hommes, Comédie-Ballet.
Les Veuves, Comédie.
La Colonie, Comédie.

De M. de V*.**

Les Mariages assortis, Comédie.
La Coquette fixée, Comédie.
Le Réveil de Thalie, Comédie.
L'Ecole du Monde, Comédie.
Le Retour de l'Ombre de Moliere, C.
La Fausse Prévention, Comédie.

De M. DUCHE'.

Absalon, Tragédie sainte.
Débora, Tragédie sainte.
Jonathas, Tragédie sainte.

De M. FAGAN.

L'Amitié Rivale.
La Pupille.
Le Rendez-vous.
La Grondeuse.
L'Isle des Talens.

De M. PESSELIER *, in-8°.*

La Mascarade du Parnasse.

L'Ecole du tems.

Esope au Parnasse.

Etrennes d'une jeune Muse.

Le Songe de Cydalise

De M GUYOT DE MERVILLE
in 8°.

Les Impromptus de l'Amour.

Les Mascarades Amoureuses.

Le Dédit inutile.

Les Dieux travestis

De M AVISSE *, in-8°.*

La Gouvernante.

Le Valet embarrassé.

De M DE LA GRANGE *, in-8°.*

Le Déguisement.

Les Contre Tems.

L'Italien marié à Paris, Comédie.

L'Accommodement imprévû.

Le Rajeunissement inutile.

De MM: ROMAGNESI &
RICCOBONI.

Les Ennuis du Carnaval, Comédie.

Achille & Déidamie, Parodie.

Les Sauvages, Parodie.

Les Fées, Comédie.

Les Gaulois, Parodie.

La Fille Arbitre, Comédie.

Pièces détachées du Théâtre François,
in-8°.

LE Magnifique, Comédie.

Antoine & Cléopâtre, Tragédie.

La double Extravagance.

Alexandrie, Tragédie.

Adam & Eve, Tragédie.

Benjamin, ou la reconnoissance de
Joseph, Tragédie.

Amalaric, Tragédie.

Bajazet V. Empereur des Turcs, Trag.

1759.

L'Isle déserte, Comédie.

Du Théâtre François, in-12.

Les Souhaits, Comédie.

Vanda Reine de Pologne, Tragédie.

Le Plaisir, Comédie avec la Musique.

Le Sot toujours Sot, Comédie.

Caliste ou la belle Pénitente, Trag.

Cérie, piece Dramatique.

La Fille d'Aristide, 1759.

Le Valet Maître, Comédie.

Varon, Tragédie.

La Métempsicose, Comédie.

Les Engagemens indiscrets.

Les Adieux du Goût. Comédie.

Les Tuteurs, Comédie.

La Folie & l'Amour, Comédie.

Mérope, Tragédie.

L'Avocat Patelin, Comédie.

L'Opiniâtre, Comédie.

Les Vapeurs, Comédie.

La Gageure de Village, Comédie.

La Coquette corrigée, Comédie.

Iphigénie en Tauride, Tragédie.

1759.

Hypermnestre, Tragédie.

Parodies du Théâtre Italien, in-8°.

Cybele Amoureuse, Parodie.

Bioché, Parodie

Les Jumeaux, Parodie.

L'Amant déguisé, Parodie.

Le Prix des Talens, Parodie.

La Pipée, avec les Ariettes.

Musique de la Pipée

La petite Maison, Parodie.

1759.

La Sybille, Parodie.

Le Carnaval d'Eté, Parodie.

Comédies du Théâtre Italien, in-8°.

L'Ecole de la Raison.

Le Miroir, Comédie.

Le Bacha de Smirne, Comédie.

L'Année Merveilleuse, Comédie.

La mort de Bucephale.

Les Femmes, Comédie Ballet.

Le Deuil Anglois, Comédie.

Du Théâtre Italien, in-12.

La Partie de Campagne, Comédie.

L'Amant Auteur & Valet.

La Gageure, Comédie.

Les Petits Maîtres, Comédie.

Le Provincial à Paris, Comédie.

La Feinte supposée, Comédie.

La Fausse inconstance, Comédie.

Le Retour du Goût, Comédie.

Les Lacédemoniennes, Comédie.

Le Prix de la Beauté.

La Campagne, Comédie.

L'Epouse suivante, Comédie.

Les Fêtes Parisiennes, Comédie.

1759.

La Parodie d'Hypermnestre

Catalogue de toutes les Pièces de
M. FAVART *, avec la Musique.*

M Oulinet premier.
La Chercheuse d'Esprit.

Le prix de Cythere.

Le Coq du Village.

Acajou, Opera Comique.

Musique d'Acajou.

Amours Grivois.

Le Bal de Strasbourg.

Du *Théâtre Italien.*

Hippolite & Aricie.
Les Amans inquiets.
Les Indes dansantes.
Musique des Indes dansantes.
Les Amours champêtres.
Fanfale , Parodie.
Raton & Rosette.
Musique de Raton & Rosette.
Tircis & Doristhée.
Bajocco , Parodie.
Les Amours de Bastien & Bastienne.
Zéphyre & Fleurette.
La Fête d'Amour, Comédie.
La Bohemienne , Comédie.
La Musique de la Bohem. 2 Parties.
Les Chinois.
La Musique des Chinois.
Ninette à la Cour.
La Musique de Ninette , 4 parties.
Les Ensorcelés, ou Jeannot & Jeann.
La Nôce interrompue.
La Fille mal gardée , Parodie.
Musique de la Fille mal gardée.
La soirée des Boulevards.
La Musique de la soirée.
Petrine , Parodie de Proserpine.

Operas Comiques & Parodies:

La Servante justifiée , Op. Com.
Les Batteliers de S. Cloud, Op. C.
La Coquette sans le sçavoir , Op. C.
Thélée , Parodie.
Dom Guichotte . Opera Comique.
Cythere assiégé . Opera Comique.
Musique de Cythere assiégé.
L'Amour au Village . Opera Com.
Les jeunes Mariés , Opera Comique.
Les Nymphes de Diane , Op. Com.
Musique des Nymphes de Diane.
L'Amour impromptu , Parodie.
Le Mariage par escalade , Op. Com.
La Répétition interrompue , Op. C.
Le Retour de l'Opera Comique.
Depart de l'Opera-Comique.
Le Bal Bourgeois , Opera Comique.

De M. VADE'.

La Fileuse , Parodie.
Le Poirier , Opera Comique.
Le Bouquet du Roi.
Le Suffisant.
Les Troqueurs & le Rien , Parodie.
Airs choisis des Troqueurs.
Le Trompeur trompé.
Il étoit tems, Parodie.
La nouvelle Bastienne , avec la Fontaine de Jouvence.
Les Troyennes de Champagne.
Jerôme & Fanchonnette , Pastorale.
Le Confident heureux.
Follette ou l'Enfant gâté.
Nicaise , Opera Comique.
Les Racoleurs , Opera Comique.

L'Impromptu du cœur.
Le mauvais plaisant , Opera Com.
La Canadienne , Comédie.
La Pipe cassée , Poëme.
Les Bouquets Poissards.
Les Lettres de la Grenouillere.
Oeuvres posthumes , faisant le Tome quatriéme , contenant les Amans constans jusqu'au trépas , des Fables & Contes , des Chansons avec la musique , &c.
La Veuve indécise , Parodie.
La Folle raisonnable . Opera Com.
Le Serment inutile , Comédie.
La dupe de Soi-même , Comédie.
Le faux Ami , Comédie.

De M. ANSEAUME.

Le Monde renversé.
Bertholde à la Ville, avec les Ariettes.
Le Chinois poli en France.
Les Amans trompés , Opera Com.
La fausse Aventuriere.
Le Peintre amoureux de son Modele.
Le Docteur Sangrado , Opera Com.
Le Medecin d'Amour.
Les Ariettes du Medecin d'Amour.
Cendrillon , Opera Comique
L'Yvrogne corrigé. Opera Comique.
Ariettes de l'Yvrogne corrigé.

Suite des Opera Comiques de differens Auteurs

Le Troc, Parodie des Troqueurs avec la Musique. 3 liv. 12 sols.
Le Retour favorable.
La Rose ou les Fêtes de l'Hymen.
Le Miroir Magique.
Le Rossignol , avec la Musique.
Le Dessert des Petits Soupers.
Le Calendrier des Vieillards.
La Coupe enchantée
Les Filles , Opera Comique.
Le Plaisir & l'Innocence.
Les Boulevards.
L'Ecole des Tuteurs.
Zephire & Flore.
La Peruvienne.
Les Fra-Maçonnes.
L'Impromptu des Harangeres.
La Bohemienne , avec la Musique.
Le Diable à quatre, avec les Ariettes.
Les Amours Grenadiers.
La Guirlande.
Le Quartier Général , Opera Com.
Le Faux Dervis , Opera Comique.
Le Nouvelliste , Opera Comique.
Gilles , Garçon Peintre.
Le Magazin des Modernes.
L'heureux Déguisement.
Les Ariettes de l'heureux Déguisem.
La Parodie au Parnasse.
Blaise le Savetier , Opera Comique.
La Musique du même.

Catalogue de Musiques nouvelles relatives aux Pieces de Théâtres de M. FAVART, & autres.

L'Amusement des Dames, ou Recueil des Menuets, Contre-Danses, Vaudev. Rondes de Table, 10 parties, 12 l.
La Toilette de Vénus dressée par l'Amour, contenant des Menuets, Contre-Danses, Vaudevilles, 10 parties, 12 l.
Le Passe-tems agréable & divertissant, Vaudevilles, Rondes de Table, Duo, Brunettes & autres, 10 parties, 12 l.
Les Desserts des petits Soupers de Madame de... 10 part. 12 l.
L'Année Musicale, contenant un Recueil de jolis airs, parodies, en 10 part. formant 2 vol in-8. 24 l.
Les mille & une Bagatelles en 28 parties, 33 l. 12 f.
Les Thémiréïdes, ou Recueil d'Airs à Thémire, 3 parties, par M. l'Abbé de l'Attaignant. 3 l. 12 f.
Amusemens champêtres, ou les Aventures de Cythere, Chansons nouvelles à danser, 2 parties. 2 l. 8 f.
Recueils d'Airs & Menuets, Contre-Danses, Parodies chantés sur les Théâtres de l'Académie Royale de Musique, & de l'Opera-Comique, 17 parties, chaque partie se vend séparément, 1 l. 4 f.
Recueil de Menuets, Contre Danses & Vaudevilles chantés aux Comédies Françoise & Italienne, 13 parties. 15 l. 12 f.
Le Troc, Parodie des Troqueurs, avec toute la Musique, 3 l. 12 f.
Airs choisis des Troqueurs, 1 l. 4 f.
Ariettes du Médecin d'Amour, 2 l. 8 f.
Ariettes de l'Heureux Déguisement, 2 l. 8 f.
La Musique de la Pipée, 1 l. 10 f.
Ariettes de Blaise le Savetier, 1 l. 4 f.
Ariettes de l'Yvrogne corrigé, 1 l. 4 f.
Le Recueil de Chansons de Vadé, noté. 1 l. 4 f.
Le Dessert des petits Soupers agréables, ou le Postillon sans chagrin, 1 l. 4 f.
Ariettes de la Bohemienne de la Comédie Italienne, 2 parties. 3 l. 12 f.
Airs choisis de la Bohemienne de l'Opera Comique, 1 l. 4 f.
Ariettes du Chinois, 2 l. 8 f.
La Musique de la Fille mal gardée, 1 l. 16 f.
Vaudevilles & Ariettes des Indes dansantes, 1 l. 4 f.
Vaudevilles & Ariettes de Raton & Rosette, 1 l. 10 f.
Vaudevilles d'Omphale, & de Bastien & Bastienne, 1 l. 4 f.
Ariettes de Ninette à la Cour, 4 parties. 6 l. 18 f.
Musique de la Soirée des Boulevards, 1 l. 4 f.
Vaudevilles & Ariettes du Ballet des Savoyards, 1 l. 4 f.
Musique des Airs d'Acajou, 2 l. 8 f.
Musique des Nimphes de Diane, 2 l. 8 f.
Musique de Cythere assiegé, 1 l. 16 f.
Menuets nouveaux en Concerto, Contre-Danses, 4 parties. 4 l. 16 f.
Les Loix de l'Amour, ou Recueil de différents Airs, 3 parties. 3 l. 12 f.
Amusemens en Duo pour les Vielles, Musettes, Haut-bois, Violons, Fluttes, en 6 parties, 7 l. 4 f.
Cantatille nouvelle des Talens à la mode, de M. de Boissi. 1 l. 4 f.
Choix de différents morceaux de Musique, 2 parties. 2 l. 8 f.
Musique de l'Yvrogne corrigé en partition, in fol. 9 liv.

Le volume se vend 12 livres, & le cahier 24 sols ; le tout séparément.